## My Notes

# My Notes

# My Notes

# My Notes

# My Notes

# My Notes

# My Notes

# My Notes

# My Notes

# My Notes

# My Notes

*Not Sisters by Blood, but Sisters by Heart*

# My Notes

# My Notes

*Not Sisters by Blood, but Sisters by Heart*

# My Notes

# My Notes

*Not Sisters by Blood, but Sisters by Heart*

# My Notes

# My Notes

# My Notes

# My Notes

*Not Sisters by Blood, but Sisters by Heart*

# My Notes

# My Notes

# My Notes

# My Notes

# My Notes

# My Notes

*Not Sisters by Blood, but Sisters by Heart*

# My Notes

# My Notes

# My Notes

## My Notes

# My Notes

# My Notes

# My Notes

# My Notes

# My Notes

# My Notes

# My Notes

# My Notes

# My Notes

# My Notes

# My Notes

# My Notes

*Not Sisters by Blood, but Sisters by Heart*

# My Notes

# My Notes

# My Notes

# My Notes

# My Notes

# My Notes

*Not Sisters by Blood, but Sisters by Heart*

# My Notes

# My Notes

*Not Sisters by Blood, but Sisters by Heart*

# My Notes

## My Notes

# My Notes

# My Notes

# My Notes

# My Notes

# My Notes

# My Notes

# My Notes

# My Notes

# My Notes

# My Notes

# My Notes

# My Notes

# My Notes

# My Notes

*Not Sisters by Blood, but Sisters by Heart*

# My Notes

# My Notes

# My Notes

## My Notes

# My Notes

## My Notes

## My Notes

# My Notes

# My Notes

# My Notes

# My Notes

# My Notes

# My Notes

# My Notes

# My Notes

# My Notes

# My Notes

# My Notes

# My Notes

# My Notes

# My Notes

# My Notes

# My Notes

# My Notes

'Not Sisters by Blood, but Sisters by Heart'

# My Notes

# My Notes

# My Notes

## My Notes

# My Notes

# My Notes

# My Notes

# My Notes

# My Notes

# My Notes

# My Notes

# My Notes

# My Notes

# My Notes

# My Notes

# My Notes

# My Notes

# My Notes

# My Notes

# My Notes

# My Notes

# My Notes

# My Notes

## My Notes

*Not Sisters by Blood, but Sisters by Heart*

# My Notes

# My Notes

# My Notes

# My Notes

# My Notes

# My Notes

# My Notes

www.ingramcontent.com/pod-product-compliance
Ingram Content Group UK Ltd.
Pitfield, Milton Keynes, MK11 3LW, UK
UKHW022240230426
12048UKWH00018BA/1375